AF555809

PETIT TRAITÉ PRATIQUE d'HARMONIE

PAR

PAUL WACHS

Organiste au G.d Orgue de l'Eglise S.t Merry

Prix 5f net

M. TIXIER

DU MÊME AUTEUR
Petit Traité de Contre-point et Fugue

Paris. CH EGROT, Editeur, 25, Boul.d de Strasbourg

PETIT TRAITÉ PRATIQUE
D'HARMONIE
Par
PAUL WACHS.

PRÉFACE.

Mélodie, harmonie, rhythme: voilà les trois éléments qui seuls, constituent la musique.

1º On entend par mélodie, une suite de sons d'où résulte un chant agréable et régulier. La mélodie émane beaucoup plus du génie que de la science, car les règles qui la concernent sont d'un nombre très-restreint, et participent essentiellement des lois de la composition.

2º L'harmonie, que l'on pourrait appeler: sœur de la mélodie, se distingue de celle-ci, en ce que la science et l'inspiration entrent pour une part égale dans sa composition.

Ainsi, le maître enseignera la définition suivante:

« L'harmonie est la science des accords et des lois qui les régissent »

Le compositeur s'exprime d'une autre façon:

«L'harmonie, dit-il, est une combinaison de sons, formant des accords et des enchaînements agréables, et susceptibles de comporter un sens poétique.»

3º Le rhythme, en terme scolastique, c'est la science du mouvement. Cette science qui s'acquiert par l'étude du contre-point, n'exclut pas l'inspiration, car, en matière d'arts, le génie seul conçoit et la science corrige. Si donc, le génie préside aux trois éléments de la musique, (mélodie, harmonie, rhythme,) la science entre pour une large part dans leur formation.

Dans ce présent livre, nous nous sommes proposé l'étude spéciale de l'harmonie. Le bienveillant accueil qu'a obtenu notre «Petit traité de Contre-point et fugue.» nous a engagé a écrire dans le même style ce «Petit traité pratique d'harmonie» Ces deux ouvrages, d'ailleurs, se complètent l'un par l'autre, et s'adressent également aux amateurs et aux personnes qui se destinent à la carrière artistique. Enoncer simplement chaque règle, et la faire suivre d'exemples et de nombreux exercices, sur clés de sol et clés de fa, tel est le plan, qui par sa simplicité, peut-être, nous a valu nos premiers succès et que nous nous proposons de suivre pour enseigner l'harmonie.

CHAPITRE I.

DES VOIX.

§ Lorsque l'on fait ses études d'harmonie et de contrepoint, il est d'usage d'écrire pour les voix et non pour les instruments.

Deux raisons majeures ont établi cette coutume:

1º La voix est un instrument naturel, dont la qualité et l'étendue diffèrent pour chacun, il est vrai, mais dont nous pouvons tous tirer un parti relatif.

Ainsi, nous parvenons, avec la seule connaissance du solfége, a chanter les notes d'un air quelconque, d'une façon correcte, et sans posséder les moindres notions du chant.

Il n'en est pas de même du piano, de l'orgue, de la flûte, ou de tout autre instrument, car le meilleur solfégiste ne peut en tirer aucune phrase musicale s'il n'a fait une étude spéciale de leur mécanisme.

C'est donc dans le but de rendre accessible, l'étude d'harmonie et de contrepoint, a tout solfégiste, (instrumentiste ou non,) que l'on enseigne ces deux branches de la musique, exclusivement pour les voix.[1]

2º La seconde raison n'est pas moins importante que la première, et nous la puiserons dans la considération suivante:

Si nous comparons un instrument tel que le violon, le piano, la flûte ou la harpe, avec la voix humaine, nous constatons l'infériorite de celle-ci, comme étendue, comme rapidité d'émission, et comme sûreté d'intonation.

De là, la necessité d'écrire pour les voix, dans un style spécial et restreint.

Le côté pratique de l'étude, naît précisément des nombreuses difficultés qu'il faut surmonter pour s'approprier ce style. Lorsque l'on est arrivé à le posséder parfaitement, on parvient bien plus vite à écrire pour n'importe quel instrument, les latitudes en étant beaucoup plus grandes.

§ Pour l'étude de l'harmonie, on ne peut employer moins de trois voix, car le moindre accord est composé de trois sons distincts Comme il existe aussi des accords de quatre et de cinq sons, on peut également écrire à quatre et à cinq parties.

Dans ce présent ouvrage, nous nous conformerons à l'usage généralement adopté, en faisant le cours d'harmonie pour quatre parties; (Soprani, Alti, Ténors et Basses) nous réservant d'enseigner dans notre: «*Petit traité de Contre-point et fugue*»[2] l'art d'écrire spécialement pour 2, 3, 4 et 5 voix.

§ Il existe deux manières d'envisager l'ensemble de quatre parties:

1º Comme quatuor, lorsque chaque partie ne doit être chantée que par une seule voix.

Dans ce cas, on peut supposer à chaque chanteur, une étendue de voix de quatorze notes, et même de deux octaves (maximum), ce qui donne au compositeur la même latitude que s'il écrivait quatre soli. 2º Lorsque au contraire chaque partie doit être chantée par plusieurs voix, l'ensemble est appelé «chœur»

Comme il arrive très-rarement (pour ne pas dire jamais) qu'un chœur ne soit exécuté exclusivement que par des chanteurs possédant la même étendue de voix, on doit écrire chaque partie dans une étendue moyenne; sans cette restriction, il serait impossible d'obtenir une parfaite homogénéité dans l'exécution.

---

(1) Il ne faudrait pas déduire de cette première raison, que la connaissance d'un instrument autre que la voix, est inutile pour les études dont il est ici question. Bien au contraire; le piano et l'orgue sont d'un très grand secours pour l'intelligence de l'harmonie, et le compositeur trouve en ces instruments, des interprètes fidèles, et souvent d'excellents conseillers. Nous dirons plus; la connaissance au moins théorique, de tous les instruments usités dans nos orchestres, est indispensable pour quiconque est appelé à écrire de la musique symphonique.

(2) Cet ouvrage fait suite au présent «petit traité d'harmonie»

Afin de rendre l'étude plus fructueuse, nous nous en tiendrons, dans ce cours d'harmonie, aux limites attribuées spécialement aux chœurs, et dont voici le tableau:

TABLEAU CLASSIQUE DE L'ÉTENDUE DES VOIX.

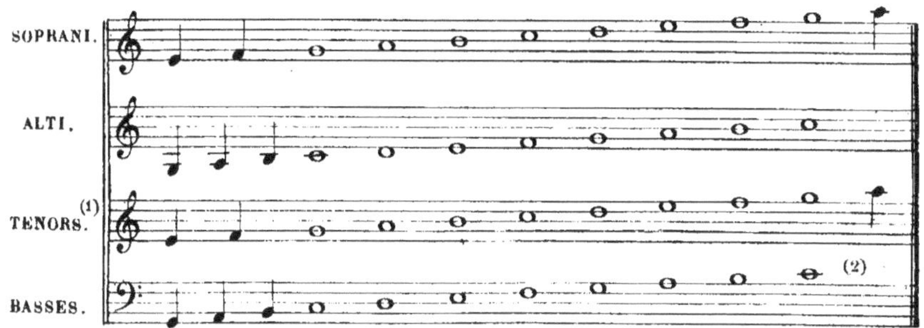

Bien que, pour la raison que nous avons donnée dans la préface, nous nous soyons imposé de donner les exemples et les exercices sur clés de Sol, nous engageons beaucoup les personnes qui pourraient se familiariser aux clés d'Ut, à les employer de préférence.

Ces clés donnent à l'œil, une idée plus juste du diapason de chaque voix et fait disparaître la nécessité de lire le ténor une 8.ve plus bas.

TABLEAU CLASSIQUE DE L'ÉTENDUE DES VOIX,

SUR CLÉS D'UT ET CLÉ DE FA.

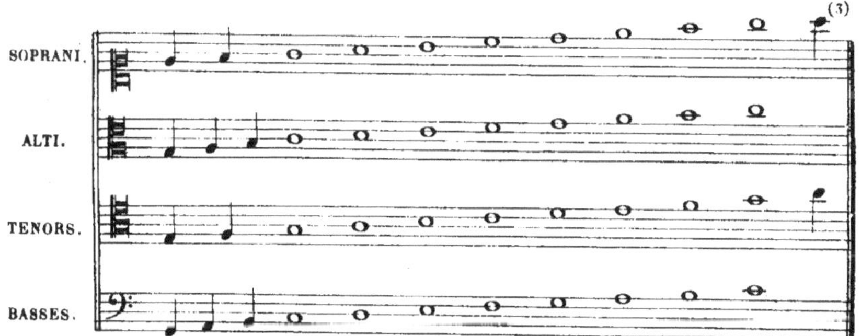

L'expérience a démontré, que la voix est un instrument anti-chromatique et peu susceptible aux successions de notes rapides.

Cette double remarque, que nous aurons lieu de développer plus loin, s'applique dans le sens général, c'est-à-dire à l'ensemble des voix chantant en chœur, et non à la voix isolée.

« La situation d'une voix chantant en solo et celle d'une voix chantant dans un chœur sont très différentes: La voix seule ne subit d'abord pas linfluence d'autres voix; puis, la voix qui chante en solo est généralement plus exercée que celle qui fait entendre sa partie dans un chœur. »

(1) Le ténor doit être lu une 8.ve plus bas, c'est-à-dire à son diapason réel. (2) Les noires indiquent les notes extrêmes, que l'on ne doit faire entendre que passagèrement. (3) On remarquera en examinant ce tableau, que les soprani correspondent aux ténors, de même que les alti ont la même étendue que les basses.

CHAPITRE II

DES INTERVALLES.

§ La gamme normale renferme sept intervalles qui sont:

La 9me, la 10me, la 11me, etc, etc, ne sont que la répétition à l'8^{ve} supérieure, de la 2de, de la 3^{ce}, de la 4te, etc, etc.

Ex: 9me — 10me — 11me

2de — 3^{ce} — 4te

§ Les intervalles sont susceptibles d'être majeurs ou mineurs, augmentés ou diminués; on les distingue par le nombre de tons et de demi-tons qu'ils renferment.

L'intervalle mineur comporte un demi-ton de moins que l'intervalle majeur; l'intervalle diminué comporte un demi-ton de moins que l'intervalle mineur; et l'intervalle augmenté un demi-ton de plus que l'intervalle majeur.

Tous les intervalles que nous venons d'extraire de la gamme sont majeurs.

«Pour reconnaître en n'importe quel ton, si un intervalle est majeur ou non, il suffit de le comparer à celui auquel il se rapporte dans le ton d'ut. Une 5te majeure en Fa ♯ par exemple, doit comme dans le ton d'ut, comporter trois tons et un demi-ton. Une 7me majeure en La ♭, doit comporter, comme dans le ton d'Ut, cinq tons et un demi-ton, etc, etc.»

TABLEAU DE TOUS LES INTERVALLES,

MAJEURS, MINEURS, AUGMENTÉS ET DIMINUÉS.

2de Majeure.	3^{ce} Majeure.	4te Majeure.
2de Mineure.	3^{ce} Mineure.	4te Mineure.
2de Diminuée. inusitée.	3^{ce} Diminuée.	4te Diminuée. inusitée.
2de Augmentée.	3^{ce} Augmentée.	4te Augmentée.

5.te Majeure.	6.te Majeure.	7.me Majeure.	8.ve Majeure.
5.te Mineure.	6.te Mineure.	7.me Mineure.	8.ve Mineure.
5.te Diminuée. inusitée	6.te Diminuée.	7.me Diminuée.	8.ve Diminuée. inusitée.
5.te Augmentée.	6.te Augmentée.	7.me Augmentée inusitée	8.ve Augmentée.

Remarque.— La 5.te diminuée écrite ainsi: étant absolument inusitée, ainsi qu'on peut le voir en examinant le tableau des intervalles, on donne généralement le nom de quinte diminuée à la 5.te mineure et par ce fait même, l'expression de «5.te mineure» est complètement abandonnée.

Les intervalles augmentés et diminués sont ceux que les voix franchissent le plus difficilement; on devra donc, autant que possible, éviter d'écrire dans les exercices d'harmonie, des successions de notes semblables à celles-ci:

Les intervalles plus grands que la sixte mineure, sauf l'octave majeure, sont aussi difficiles à entonner, à moins qu'ils ne se présentent dans un mouvement lent.

En terminant ce chapitre, nous croyons devoir rappeler ce qui a été dit dans le précédent: (4.me paragraphe) «que la voix est un instrument anti-chromatique.»

On doit donc éviter de faire chanter rapidement, les passages pareils aux suivants:

Les mêmes traits en blanches sont permis, et tolérés en noires, si le mouvement est assez lent pour permettre à la voix de bien poser les sons.

CHAPITRE III.

DES ACCORDS.

§ On distingue en musique trois sortes d'accords:

L'accord parfait, composé de trois sons: l'accord de 7.me(1), composé de quatre sons: et l'accord de 9.me composé de cinq sons:

§ L'accord parfait seul, est consonnant, et tous les intervalles qu'il renferme sont appelés: *«consonnants»*

Tout intervalle étranger à l'accord parfait, est dissonnant, ainsi, les accords de 7.me et de 9.me, sont dissonnants les intervalles de 7.me et de 9.me étant étrangers à l'accord parfait:

§ Il n'existe qu'un seul accord parfait, mais il se présente sous trois formes différentes, que l'on indique par les dénominations suivantes:

1° Accord parfait majeur, 2° Accord parfait mineur, selon que la tierce médiante présente un intervalle majeur ou mineur avec la fondamentale de l'accord. 3° Accord de quinte diminuée, lorsque cet intervalle est plus petit que la quinte majeure.(2)

§ Les accords de 7.me sont au nombre de cinq, à savoir:

1 L'accord de 7.me dominante: 2. L'accord de 7.me de seconde:

3. L'accord de 7.me sensible: 4. L'accord de 7.me majeure:

5. L'accord de 7.me diminuée:

Ces accords se distinguent entre eux, soit par la place qu'ils occupent dans la gamme, soit par la nature des intervalles qu'ils forment avec leur note fondamentale.

§ On ne compte que deux accords de 9.me: l'accord de 9.me majeure: l'accord de 9.me mineure: Ces accords sont toujours majeurs ou mineurs, selon que l'intervalle de 9.me qu'ils forment avec leur fondamentale, est majeur, ou mineur.

(1) Il existe aussi un accord autre que celui de 7.me, mais il ne diffère pas de celui-ci comme nombre de sons; les quatre sons, qui le composent sont les mêmes que ceux de la 7.me dominante; le 4.e son prend nom de 6.te augmentée, nous traiterons de cet accord dans un chapitre spécial. (2) Nous donnerons plus de détails dans les chapitres traitant spécialement de chaque accord.

Ch

CHAPITRE IV.

DE L'ACCORD PARFAIT.

§ L'accord parfait se compose d'une fondamentale, d'une 3.ce et d'une 5.te EX: 

§ On entend par fondamentale, la note tonale sur laquelle repose l'accord.

Ainsi dans l'exemple ci-dessus qui présente un accord parfait d'ut, la fondamentale est précisément l'ut, car cette note indique la tonalité de l'accord.

Dans les accords suivants:

Les notes: Sol, Si ♭, Re, La ♭, Mi, sont les fondamentales, car elles indiquent la tonalité des accords de Sol, Si ♭, Re, La ♭, et Mi.

§ La tierce et la quinte d'un accord fondamental, sont les notes qui forment les intervalles de 3.ce et de 5.te avec la fondamentale, lorsque l'accord n'est pas renversé.

Ainsi, dans cet accord d'ut le Mi et le Sol sont à distance de 3.ce et de 5.te, de la fondamentale Ut et sont appelés pour cela 3.ce et 5.te de l'accord d'Ut.

Les notes qui composent l'accord parfait sont susceptibles d'être renversées.

Ex. 

Ces inversions ne changent nullement la nature de l'accord, et les six exemples que nous venons de donner, représentent également l'accord parfait d'Ut.

§ On distingue deux genres d'inversion: les positions et les renversements.

§ On nomme «*Positions*» les différentes places qu'occupent les notes d'un accord, sauf la plus grave.

Ainsi l'on dira de ces accords: que le premier est un accord parfait d'Ut à la 1.re position, parce que les notes qui le composent sont placées dans l'ordre analytique, c'est-à-dire, par 3.ce superposées; que le second est un accord parfait d'Ut, à la 2.de position, parce que les deux notes supérieures sont renversées, bien que la note grave soit restée fixe.

§ Il y a renversement, lorsque la note fondamentale d'un accord ne se trouve pas à la partie grave.

Ainsi dans ces accords d'ut: la fondamentale «Ut» se trouvant à l'une des parties supérieures, il y a: renversements.

L'accord parfait n'offre que deux renversements: 1.er renversement. 2.d renversement.

Lorsque l'accord parfait n'est pas renversé on dit qu'il est à son état «fondamental»

Tout accord à l'état fondamental ou renversé, peut être présenté dans les différentes positions.

EXEMPLES:

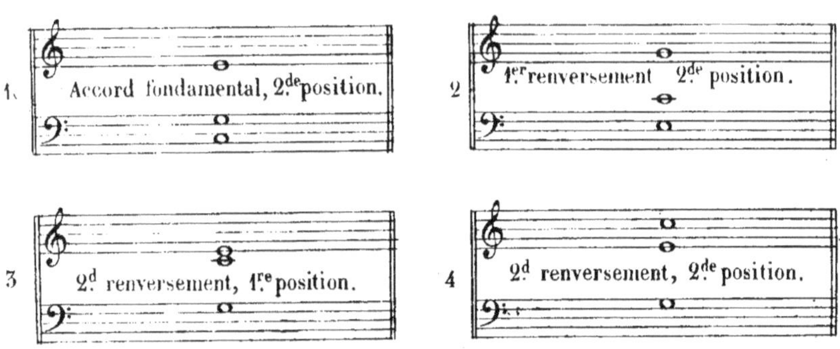

8 L'accord parfait est majeur ou mineur, selon que la tierce de la fondamentale est majeure ou mineure.

De même que dans n'importe quel renversement, la note fondamentale est toujours considérée comme tonale de l'accord, la tierce de la fondamentale reste toujours note modale, n'importe à quelle partie elle se trouve placée.

Ce qui revient à dire, que la tierce d'un accord indique toujours si le mode est majeur ou mineur.

ACCORD PARFAIT MAJEUR,

dans les différentes positions et renversements.

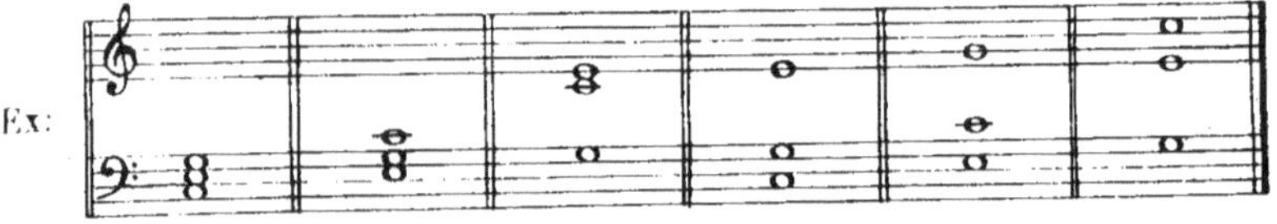

ACCORD PARFAIT MINEUR,

dans les différentes positions et renversements.

Ce qui vient d'être dit de la fondamentale et de la 3.ce d'un accord, s'applique également à la 5.te celle-ci, à n'importe quelle position elle se trouve, ne cesse jamais d'être considérée comme la dominante de l'accord.

CHAPITRE V.

DES CHIFFRES.

§ Lorsque l'on ne veut qu'indiquer les accords, on se sert de chiffres.

Les chiffres: 2, 3, 4, 5, 6, 7, 8, 9, indiquent les notes formant intervalles de 2des, 3ces, 4tes, 5tes, 6tes, 7mes, 8tes, 9mes, avec la basse.

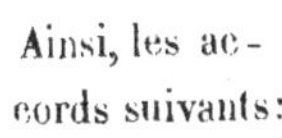

Ainsi, les accords suivants:

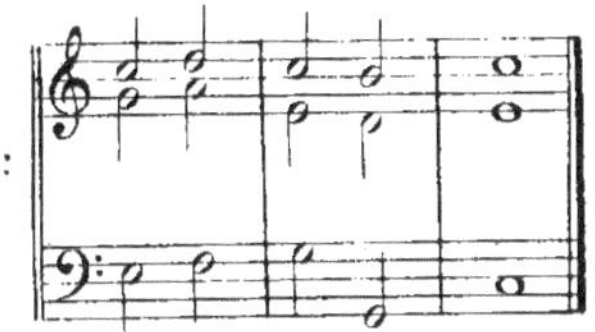

Se chiffrent de cette manière:

Dans cet exemple, les chiffres n'indiquent pas seulement les notes dont se composent les accords, mais ils représentent également la position de chacune d'elles.

En effet, dans le premier accord:  nous plaçons le 6 au-dessus du 3, de même que l'Ut, sixte de la basse, se trouve au-dessus du Sol, tierce de cette même basse.(1) Les cinq accords qui terminent cet exemple sont chiffrés de la même manière.

§ Le premier renversement de l'accord parfait: $\frac{6}{3}$ est généralement appelé accord de «sixte et tierce» ou simplement accord de «sixte», parce que c'est la note qui forme sixte avec la basse qui le caractérise.

Accord de Sixte:

Ex: 6 / 3

Le second renversement de l'accord parfait étant composé d'une sixte et d'une quarte, on le désigne sous le nom de «sixte et quarte» ou «quarte et sixte»

Accord de 6te et 4te

Ex: 

Il en est de même pour les renversements de tous les accords, qui sont nommés d'après les chiffres indicateurs.

§ Les chiffres sont souvent accompagnés de ♮, ♭, ♯, ou des signes: +, —.

Lorsque, une note de l'accord doit être bécarrisée, bémolisée ou diézée, on place un ♮, un ♭, ou un ♯, devant le chiffre qui représente cette note.

Ex. 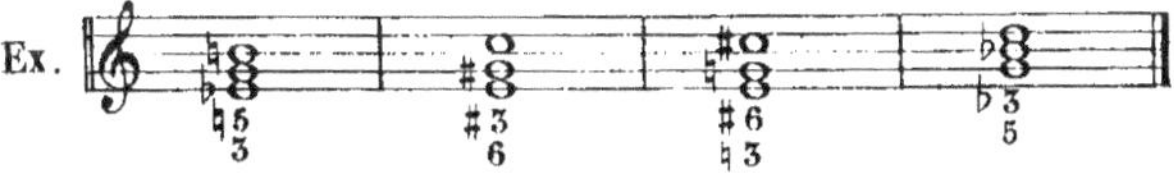

Le signe + indique la sensible; on le place devant le chiffre qui représente une note sensible.

Ex: 

(1) Souvent, on ne tient pas compte de la position en chiffrant, et l'on écrit indistinctement $\frac{6}{3}$ ou $\frac{3}{6}$.

Tout intervalle diminué s'indique par un chiffre barré

Il arrive souvent que, pour abréger, on n'indique pas toutes les notes dont se compose chaque accord, et que l'on se borne à écrire un seul chiffre, correspondant à l'un des intervalles qui caractérisent chacun d'eux.

On doit, lorsque l'on emploie ces abréviations, choisir le chiffre unique, de telle sorte que la suppression des autres chiffres ne laisse aucun doute sur la nature de l'accord que l'on veut indiquer.

Lorsque l'on indique un accord par un seul chiffre, et que ce chiffre n'est pas un 3, il arrive fréquemment que l'on place un ♮, un ♭, un #, ou ce signe + au dessous ou au dessus de ce dit chiffre.

Ce ♮, ce ♭, ce # et ce signe placés au dessous ou au dessus du chiffre, indiquent que la tierce de l'accord doit être bécarrisée bémolisée dièzée ou sensible.

Remarque.– Il est très important d'observer la différence qui existe entre le rôle d'un signe quelconque, placé à côté du chiffre, et celui d'un signe placé au dessous ou au dessus de ce même chiffre.

Enfin, l'accord parfait, à son état fondamental, peut s'indiquer encore, simplement par un ♮, un ♭, ou un #.

Ces accidents se rapportent à la 3.ce de l'accord, comme lorsqu'ils sont placés au dessous ou au dessus d'un chiffre.

On n'indique de cette façon, que l'accord parfait à son état fondamental.

CHAPITRE VI.

DE LA MARCHE DES PARTIES.

§ Ainsi que nous l'avons annoncé, au commencement de ce livre, nous ferons notre cours d'harmonie, à quatre parties.

«Avant d'énoncer les règles concernant la marche des parties, nous engageons les élèves à relire attentivement le troisième paragraphe du chapitre 1er, et le troisième paragraphe du chapitre 2me, car ce qui y est dit se rattache intimement au sujet que nous allons traiter.»

§ Outre les lois qui interdisent les mouvements rapides, les successions de notes chromatiques, d'intervalles augmentés et diminués, de sauts de 6te majeure, de 7me et de 9me, (lois qui concernent spécialement les voix) il est d'autres règles qui s'appliquent à la marche des parties, lors même que celles-ci doivent être exécutées par des instruments. (1)

Ce sont ces règles que nous allons faire connaître dans le présent chapitre.

§ Lorsque l'on écrit pour des parties vocales ou instrumentales, on doit éviter les successions de 5tes entre les mêmes parties, par mouvements semblables.

Mauvais:

Ex: 5 5 5 5 5 5 5 5

Exception.—Dans un seul cas, la succession de deux 5tes par mouvements semblables et entre mêmes parties, est permise, c'est lorsque ces parties descendent par mouvement conjoint, (2) et que la première 5te est majeure et la seconde diminuée.

Les 5tes par mouvements contraires entre même parties, sont également défendues.

Ex. 5 5

(1) Le mot «instrument» doit être pris ici dans le sens positif. La voix est un organe et ne peut être «instrument» qu'au figuré.

(2) Par tons et demi-tons.

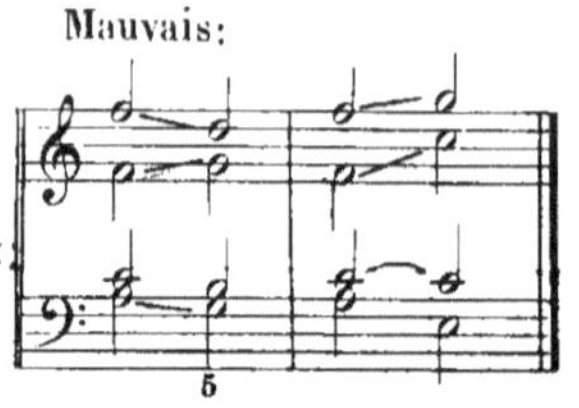

Enfin, l'on doit éviter, autant que possible, de tomber par mouvement droit, sur une 5te, entre parties extrêmes, ou entre parties isolées. (1)

§ Tout ce qui vient d'être dit des 5tes de suite s'applique également aux octaves.

On devra donc s'abstenir d'écrire des suites d'octaves par mouvements droits, par mouvements contraires, et éviter autant que possible les octaves cachées.

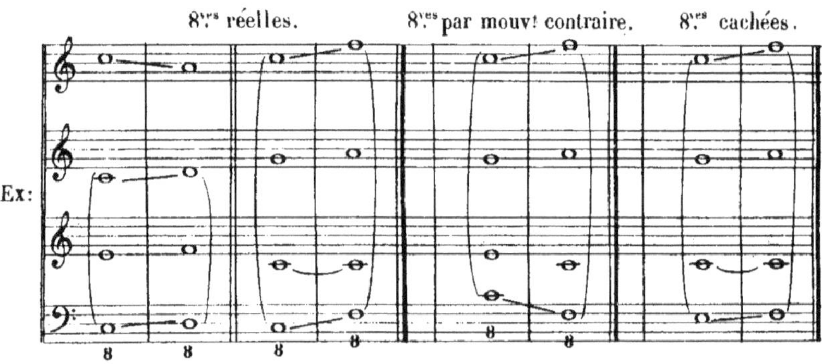

Exception. — Les octaves cachées sont permises, lorsque le plus petit mouvement est produit par la résolution d'une sensible sur l'octave, et encore, faut il que le grand mouvement soit produit à l'une des parties inférieures.

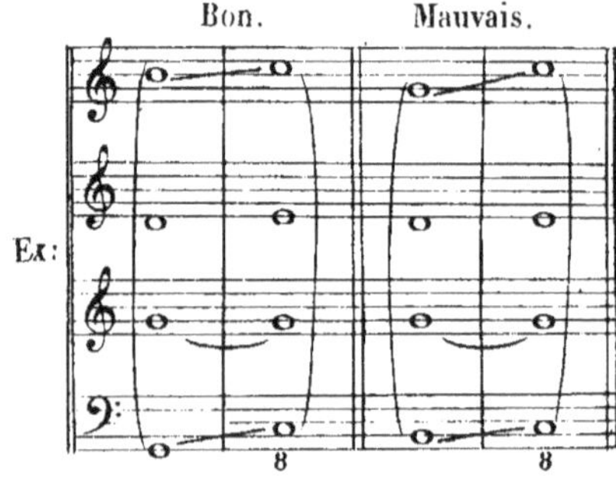

§ Pour écrire les accords parfaits à quatre parties, l'on est obligé de doubler une des notes qui les composent, puisque ces accords ne sont formés que par trois sons.

Les notes que l'on doit doubler de préférence, sont: la fondamentale ou la 5te, rarement la 3ce, et jamais celle-ci, lorsqu'elle est note sensible.

Cette règle est la conséquence d'une autre règle, qui est celle-ci.

« Toute note sensible doit monter d'un demi-ton, et toute note formant 5te supérieure ou 4te inférieure avec la sensible, doit descendre d'un demi-ton, ou d'un ton. »

---

(1) On appelle cette manière de tomber sur une 5te par mouvement droit, faire des 5tes cachées.

Ainsi donc, on ne doit pas doubler une sensible, car en la doublant, on se trouve dans l'alternative entre deux fautes inévitables; ou de faire deux octaves de suite en résolvant les deux notes sensibles, ou de manquer la résolution de l'une des deux. (1)

2 Les fausses relations sont aussi à éviter, car elles produisent à l'oreille un effet plus désagréable encore que les 5tes et 8ves de suite.

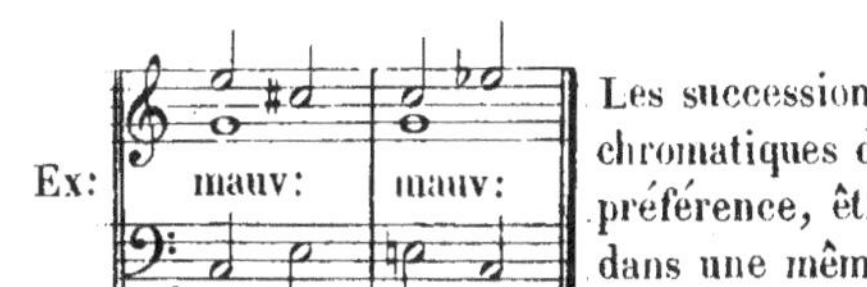

Les successions de notes chromatiques doivent de préférence, être faites dans une même partie.

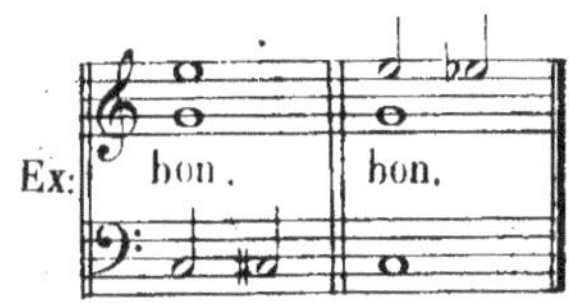

EXEMPLE D'UNE BASSE RÉALISÉE A 4 PARTIES, sur l'accord parfait et ses renversements.

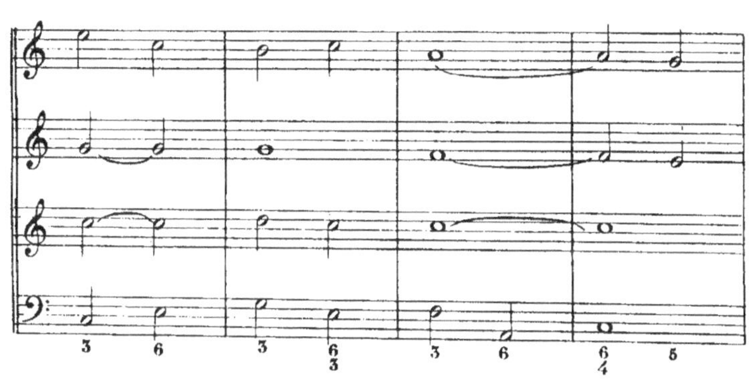

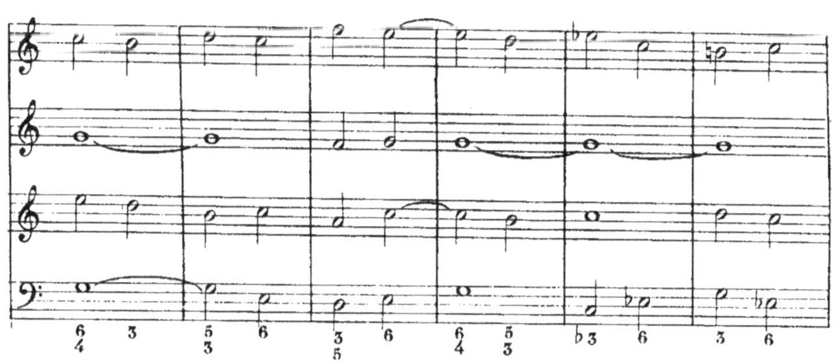

---

(1) Lorsque la 3ce d'un accord se trouve à la basse comme dans l'accord de 6te on évite également de la doubler, surtout si cette note est sensible. Ex: 6

Le Ténor seul peut la doubler car cette partie est sensée renforcer la note à l'8ve supérieure et non la doubler. Ex: bon. 6

Enfin l'on tolère la doublure de la basse dans l'accord de 6te, à n'importe quelle partie, lorsque l'effet est agréable à l'oreille. Ex: bon. 6

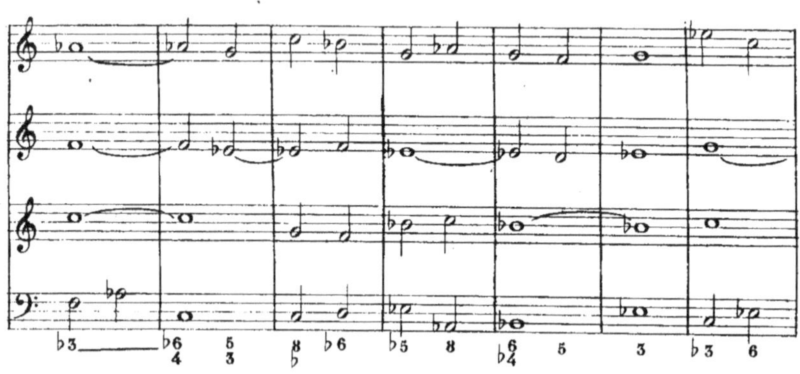

---

(1) Le signe : « ——— » que l'on appelle : signe de prolongation se place à la suite d'un chiffre, pour indiquer que l'harmonie reste la même, aussi longtemps que ce signe se prolonge. La basse, dans ce cas, peut faire entendre les différentes notes de l'accord, ou des *notes de passage*. (Voir ce mot au chapitre **XVI**, 1er paragraphe) pendant que les parties supérieures tiennent la même harmonie.

Une dernière observation avant de passer aux exercices:

Le talent d'un habile harmoniste ne consiste pas seulement dans la stricte observation des règles, mais encore dans la clarté, l'aisance, nous dirons même l'élégance du style, qui ne peuvent s'acquérir que par un travail laborieux.

C'est pour cette raison que l'élève devra dès le début de ses études d'harmonie, éviter les sentiers tortueux, les contours mélodiques gauches, les modulations indécises, que les commençants sont souvent portés à employer pour éviter les fautes réelles.

L'élève devra aussi s'abstenir des croisements de parties (faire passer le ténor sous la basse ou au dessus de l'alto, par exemple), des unissons (faire entendre la même note par deux parties, au même diapason), des sauts brusques, ou dans le même sens à toutes les parties; toutes ces déviations indiquent l'inexpérience et le manque de goût.

EXERCICES

Basses à réaliser à 4 parties.

(1) Il arrive quelquefois, que pour laisser à chaque partie un cours mélodique plus naturel, on supprime la quinte d'un accord (comme dans cette dernière mesure;) cette suppression est considérée comme licence, mais dans aucun cas on ne peut supprimer la tierce ni la fondamentale.

(2) Quand une note de basse n'est accompagnée d'aucun chiffre ni d'aucun signe, c'est l'accord parfait à son état fondamental que l'on sous-entend.

ACCORD DE 7me DOMINANTE.

§ Cet accord se compose d'une 3^{ce} [1] d'une 5te majeures, et d'une 7me mineure. Ces notes sont placées par 3^{ces} superposées.

Ex: 

On l'appelle accord de «7me dominante» parce qu'il se pose sur la dominante de la gamme tonale.

Ainsi, en Ut, cet accord se placera sur: Sol; en Sol, on le placera sur: Ré; en Ré sur: La, etc, etc,

Ex: 

On met une croix au dessus ou au dessous du 7, pour indiquer que la 3^{ce} est sensible. Ce signe sert aussi à dinstinguer cet accord, des autres accords de 7me

§ Dans l'accord de $\overset{+}{7}$, deux notes sont soumises à des lois spéciales: la 7me et la 3^{ce}

Ces lois sont, pour la 7me, la préparation et la résolution; pour la 3^{ce}, la résolution, seulement.

§ Préparer une note c'est la faire entendre dans l'accord précédent, à la même partie où elle se trouve lorsqu'elle devient 7me

Ex: 

La note préparée ne doit jamais être de plus grande valeur que celle qui la prépare.

Ex: 

Toute dissonance [3] doit être préparée; mais on tolère, par exception, la non préparation de 7me dominante; que l'on appelle, à cause de sa douceur: «dissonnance naturelle» [4]

Ex: 

(1) Tous les intervalles étant basés sur la fondamentale, celle-ci est sous-entendue et nous n'en ferons plus mention dans la nomenclature des notes composant les accords.

(2) Cet accord s'emploie indifféremment dans le mode majeur (exemple: 1 et 2) et le mode mineur (ex: 3)

(3) Voir ce mot au chapitre III, 2e paragraphe.

(4) La loi de préparation des accords de 7me, ne s'applique qu'à la musique vocale et dans le style sévère.

§ La résolution d'une 7me, consiste à faire descendre celle-ci, d'un ton ou d'un demi-ton, dans l'accord qui suit.

§ La résolution d'une sensible, consiste à faire monter celle-ci d'un ton ou d'un demi-ton, dans l'accord suivant :

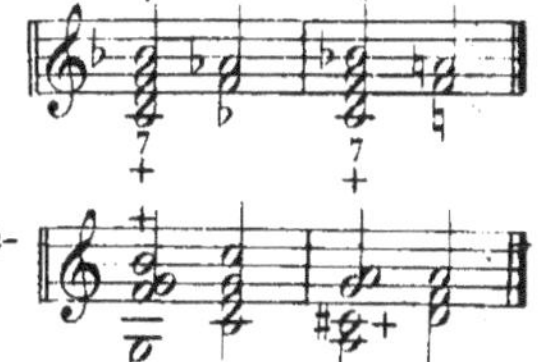

Or, dans l'accord de 7me dominante qui se résout sur un accord de tonique, la 3^ce^ est naturellement sensible; et c'est en cette qualité qu'elle est soumise à la loi de résolution.

§ Comme l'accord parfait et tous les accords de 7me, l'accord de 7me dominante est susceptible de se renverser. Comportant une note de plus que l'accord parfait, celui dont nous nous occupons présentement, offre trois renversements au lieu de deux.

D'après le système que nous avons exposé, chapitre V, ces renversements se chiffrent ainsi:

Accord fond^al^ — 1er renv^t^ — 2me renv^t^ — 3me renv^t^

On peut écrire ces renversements dans toutes les positions (de même, les renversements de tous les accords) mais les lois régissent toujours la marche de la 3^ce^ et de la 7me à n'importe quelles parties où elles se trouvent.

§ Il peut arriver, parfois, qu'on ne résolve pas un accord de 7me dominante sur un accord de tonique;(1) dans ce cas, la 3^ce^ n'est plus sensible et la 7me se transforme en 6te augmentée ou en tout autre intervalle, selon la circonstance. Ces deux notes changeant de nature, ne sont plus soumises aux lois dont nous venons de parler et souvent elles se soumettent à d'autres règles, suivant leur transformation. (5)

Ex: (2) (3) (4)

EXEMPLE D'UNE BASSE RÉALISÉE,
sur l'emploi de l'accord de 7me dominante.

(1) Nous entendons par accords de tonique, de 2de, de 5te etc, etc, les accords placés sur la tonique, la 2de, la 5te, etc, etc.
(2) Ici, le Si ♭ est considéré comme La ♯ et monte d'un demi-ton; le Mi reste note commune des deux accords.
(3) Dans cet accord, le Mi est considéré comme Fa ♭ et descend d'un demi-ton; le Si ♭ devient note-pivot des 2 accords.
(4) Dans cet exemple, la 7 devient 7 diminuée et ne se résout, ainsi que la 3^ce^ qu'au troisième accord.
(5) Ces manières exceptionnelles de résoudre l'accord de 7, forment ce que l'on appelle, les cadences rompues.

EXERCICES,

BASSES A RÉALISER A 4 PARTIES.

(1) Nous avons déjà dit que l'on tolérait la suppression de la 5te dans un accord quelconque, lorsqu'il y a avantage à le faire au point de vue mélodique.

Ch.

ACCORD DE 7.me DE SECONDE.

§ Cet accord se compose d'une 3.ce mineure, d'une 5.te juste[1] et d'une 7.me mineure, placées comme dans tous les accords de 7.me et de 9.me par 3.ces superposées.

Ainsi que sa dénomination l'indique, on le pose sur la seconde note[2] de la gamme tonale. On chiffre cet accord, simplement par un 7.

§ Dans l'accord de 7.me de seconde, la 3.ce n'est pas sensible et n'est, par conséquent, soumise à aucune loi spéciale; mais la 7.me doit être absolument préparée et résolue.

Le plus souvent, l'accord de 7.me de seconde n'est pas immédiatement suivi d'un accord de tonique; mais il se résout sur l'accord de dominante, lequel accord se résout à son tour sur la tonique.

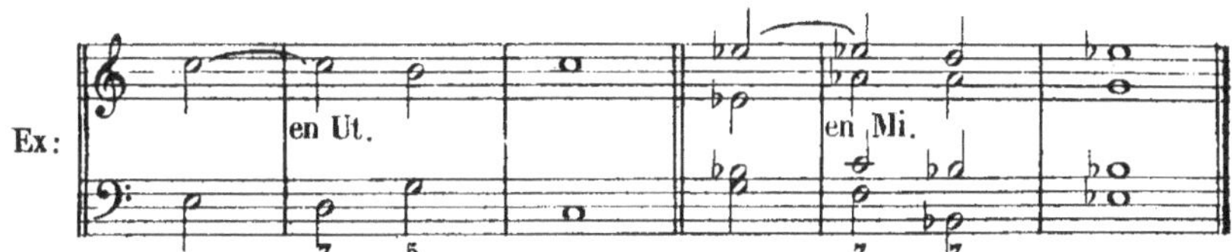

Lorsqu'au contraire l'accord de 7.me de seconde est immédiatement suivi de l'accord de tonique, la note formant 7.me devient note-pivot des deux accords, sans qu'il y ait de résolution proprement dite.(3)

§ L'accord de 7 comporte trois renversements, qui se chiffrent ainsi:

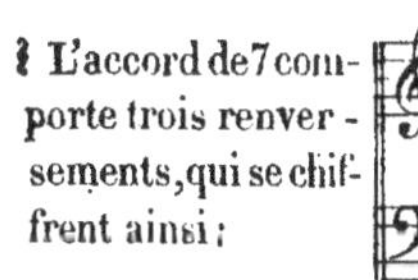

Tout ce qui a été dit au sujet des renversements de l'accord de 7.me dominante, s'applique également à ceux de l'accord de 7.me de 2.de

EXEMPLE D'UNE BASSE RÉALISÉE,
sur l'emploi de l'accord de 7.me de 2.de.

(1) On appelle intervalle juste, tout intervalle majeur.

(2) Sus-tonique.

(3) Voir chapitre VII, 7.e paragraphe.

(4) Ne pas oublier de lire le Ténor, une 8.e plus bas.

(1) Ainsi qu'on peut le voir dans l'exemple ci-dessus, l'accord de 7.me de seconde ne s'emploie que pour le mode majeur. Nous verrons plus loin, que l'accord de 7.me sensible, peut tenir lieu de 7.me de seconde, dans le mode mineur.

EXERCICES,
BASSES A RÉALISER A 4 PARTIES.

(1) Cette façon de résoudre se rencontre quelquefois mais passagèrement et sans établir aucune tonalité. Ex:

ACCORD DE 7me DE SENSIBLE.

§ Cet accord se compose d'une 3ce, d'une 5te et d'une 7me mineures; sa place ordinaire est sur la sensible, et on le chiffre ainsi: $\frac{7}{\not 5}$ parce que la 5te en est diminuée.

Ex: $\frac{7}{\not 5}$

§ Dans l'accord de 7me de sensible, deux notes sont soumises à des lois spéciales: la fondamentale et la 7me

La fondamentale, en qualité de sensible, doit se résoudre un demi-ton plus haut dans l'accord suivant; la 7me se prépare et se résout comme toutes les dissonances.

§ Ainsi que nous le disions dans le chapitre précédent, l'accord de 7me de sensible peut être employé comme 7me de seconde dans le mode mineur. Il suffit pour cela de résoudre l'accord sur la dominante d'abord, et de résoudre ensuite l'accord de dominante sur l'accord parfait mineur de tonique.

En La Mineur.

En Ut Mineur.

§ L'accord de 7me de sensible est, comme tout accord de 7me, susceptible de passer à l'accord suivant sans résolution proprement dite, mais seulement dans les conditions que nous avons mentionnées dans les chapitres VII et VIII.

Dans ces exemples, les 7mes ne se résolvent pas, mais elles se transforment en d'autres accords ou se neutralisent de telle sorte, que la loi de résolution ne les atteint plus.

Ces irrégularités sont très nombreuses et offrent beaucoup de ressources au compositeur; néanmoins, l'élève ne devra pas en faire un usage trop hâtif, afin d'éviter toute confusion, et de ne pas oublier le véritable rôle de chaque accord.

§ Les trois renversements de l'accord $\frac{7}{\not 5}$ se chiffrent ainsi:

Accord fondal

1er renvt — +6 5 3 ; 2me renvt — +4 3 6 ; 3me renvt — +2 4 6

EXEMPLE D'UNE BASSE RÉALISÉE,
sur l'emploi de l'accord de 7.me de sensible.

EXERCICES.

(1) Ne pas oublier de lire le Ténor une 8.ve plus bas.

CHAPITRE X.

ACCORD DE 7.me DIMINUÉE.

Cet accord se compose d'une 3.ce mineure, d'une 5.te et d'une 7.me diminuées; on le chiffre ainsi: 7̶ (1)

Ex: 

Ordinairement il se pose sur la sensible et indifférement dans le mode majeur ou mineur. Dans ce cas, la fondamentale et la 7.me sont soumises aux mêmes lois de préparation et de résolution que dans l'accord de 7.me de sensible.(2)

§ De tous les accords de 7.me, l'accord 7̶ est celui qui offre le plus d'irrégularités, soit comme résolutions, soit comme transformations.

Voici quelques exemples des différentes manières dont s'enchaîne l'accord 7̶:

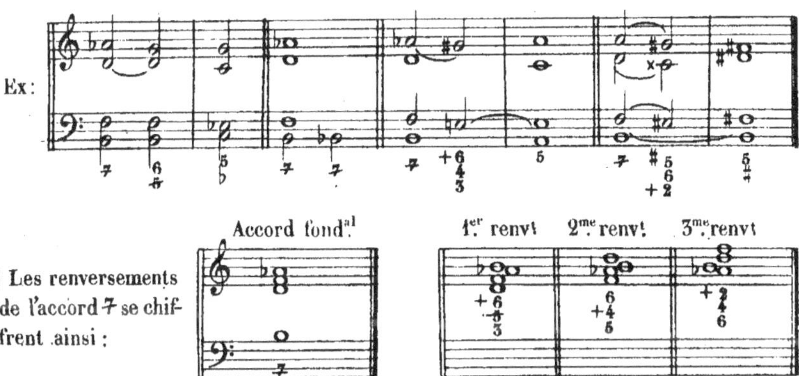

§ Les renversements de l'accord 7̶ se chiffrent ainsi:

Accord fond.al — 1.er renv.t — 2.me renv.t — 3.me renv.t

EXEMPLE D'UNE BASSE RÉALISÉE, sur l'emploi de l'accord de 7.me diminuée.

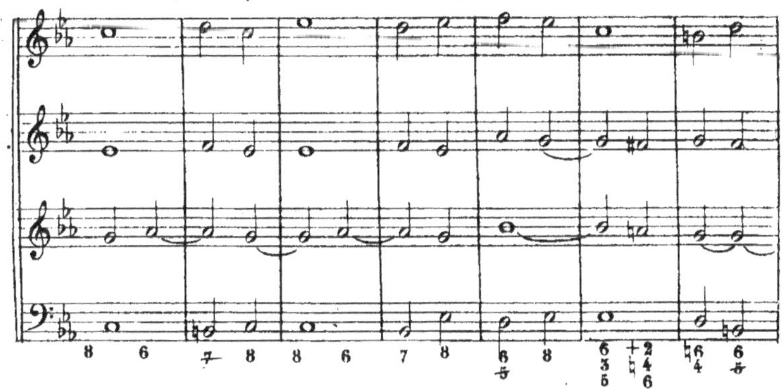

(1) Nous avons déjà dit, que la barre traversière indique les intervalles diminués.

(2) Voir chapitre IX, 4.e Paragraphe.

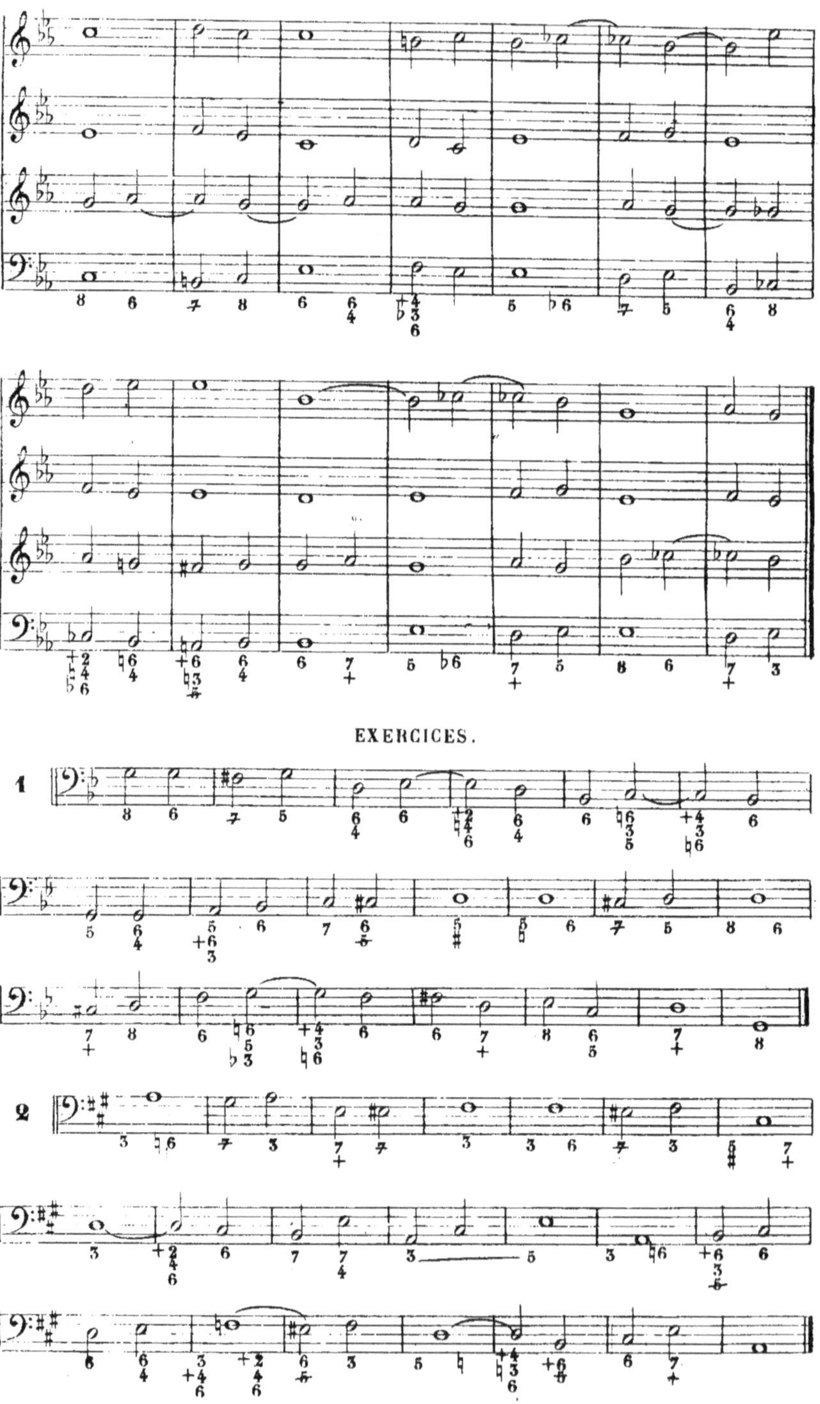

EXERCICES.

CHAPITRE XI.

ACCORD DE 7.me MAJEURE.

Cet accord se compose d'une 3.ce, d'une 5.te et d'une 7.me majeures; on le chiffre ainsi: 7 3 5 Ex:

Le plus souvent, il se place sur la sous-dominante, se résout sur l'accord de dominante, lequel accord de dominante se résout sur la tonique.

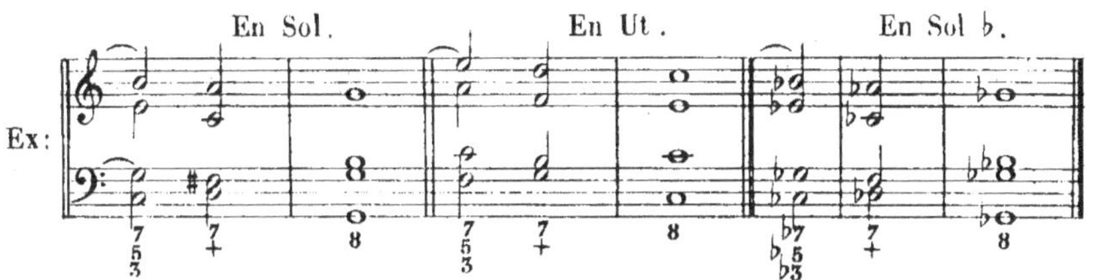

EXEMPLE DES DIFFÉRENTES MANIÈRES D'ENCHAÎNER L'ACCORD: 7 5 3

Les renversements de l'accord 7 5 3 se chiffrent ainsi:

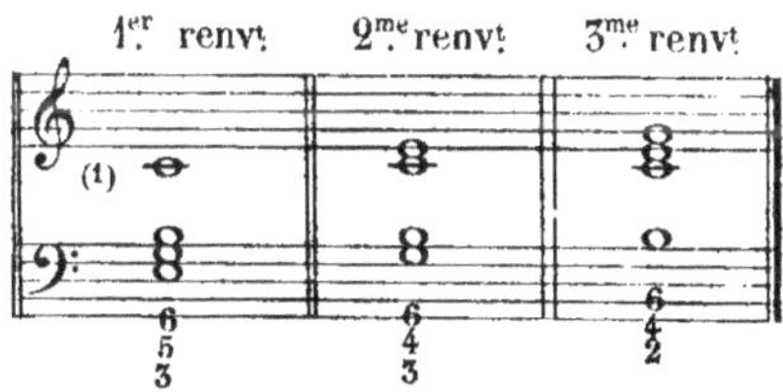

EXEMPLE D'UNE BASSE RÉALISÉE,

sur l'emploi de l'accord de 7.me Majeure.

(1) On place des ♮, ♭, ♯, devant les chiffres, selon la nécessité qui peut naître dans le courant des modulations; en n'importe quel ton, les accords doivent conserver leurs intervalles semblables à ceux qui sont donnés comme exemples dans les tons d'Ut et de Sol.

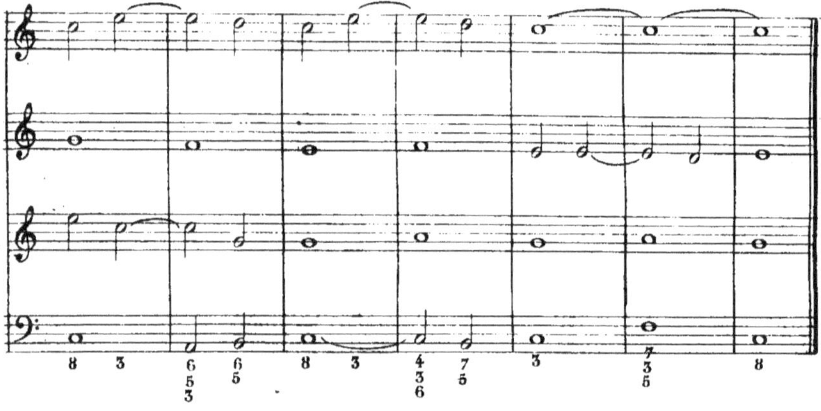

EXERCICE.

1

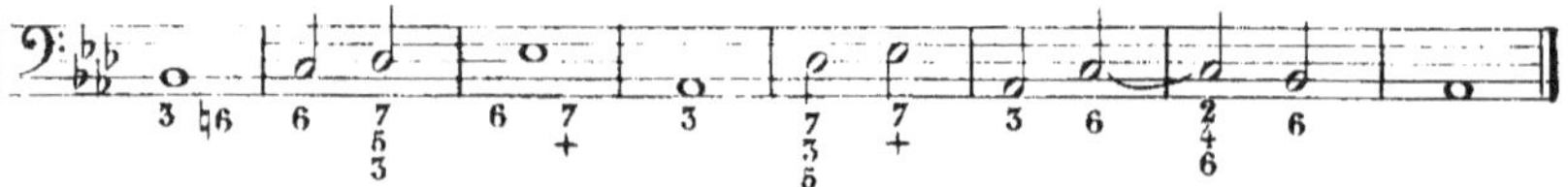

Ch. E.

CHAPITRE XII.

ACCORD DE 6te AUGMENTÉE.

§ Cet accord se compose d'une 3^ce^, d'une 5te majeures, et d'une 6te augmentée; il est consonnant, et par conséquent, n'est soumis à aucune préparation.

On chiffre cet accord par un 6 et une + devant, parce que cette sixte se résout souvent sur la tonique.(1)

En Si Majeur.

Ex: (2)

§ L'accord de 6te augmentée se place très souvent sur la 6te mineure de la gamme tonale; mais ainsi que nous l'avons vu dans l'exemple ci-dessus, il n'y a pas de règle fixe à ce sujet, et la position de cet accord varie selon le ton dans lequel on veut moduler.(3)

En Ut Majeur. En Ut Mineur.

Ex:

§ Dans l'accord $^{+6}_{5}$, deux notes sont soumises à la loi de résolution: la 6te, qui doit monter d'un demi-ton; et la fondamentale, qui doit descendre, également d'un demi-ton. (voir les deux exemples ci-dessus)

Bien que la 6te augmentée ne soit pas considérée comme dissonnance, il est bon, lorsque l'on écrit pour les voix, d'amener cette sixte par mouvement conjoint, et même, quand cela se peut, faire entendre d'abord la 6te majeure avant la 6te augmentée.

Ex:

(1) Nous avons dit que la croix indique toujours la sensible.

(2) Lorsque l'on tient essentiellement à la 5te on chiffre ainsi:

(3) On entend par modulation, le passage d'un ton à un autre, par exemple: de Ré en Fa.

Ainsi que nous pouvons le voir dans les exemples ci-dessus, l'accord $^{+6}_{5}$ s'emploie dans les deux modes: majeur et mineur.

2 Les trois renversements de l'accord $^{+6}_{5}$ sont peu usités;[1] ils se chiffrent ainsi:

Accord fond[al] — ou — 1er renvt — 2me renvt — 3me renvt

EXEMPLE D'UNE BASSE RÉALISÉE,
sur l'emploi de l'accord de 6te augmentée.

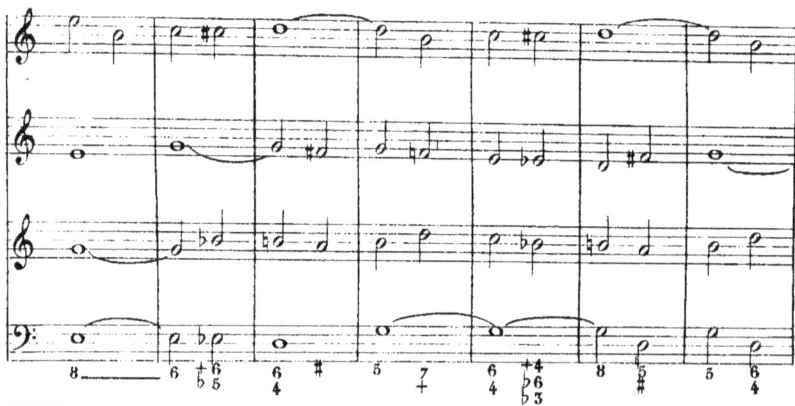

(1) Lorsque l'on emploie ces renversements, il faut éviter de présenter la fondamentale et la 6te à distance de 3ce diminuée, car leur résolution donne un unisson: Il faut dans ce cas laisser un intervalle de 9e entre ces deux notes:

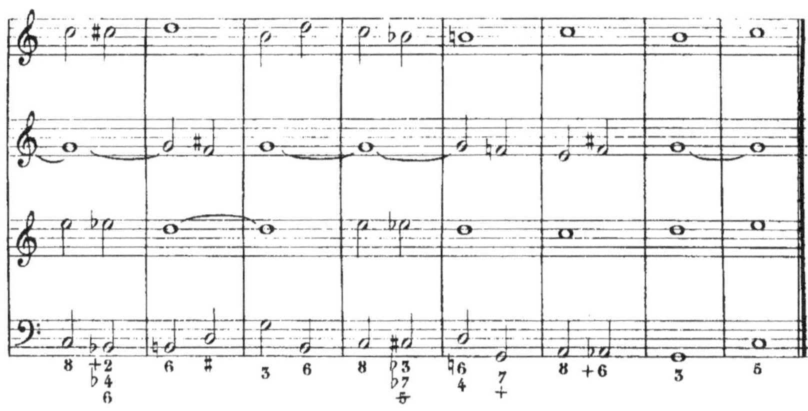

EXERCICES.

1

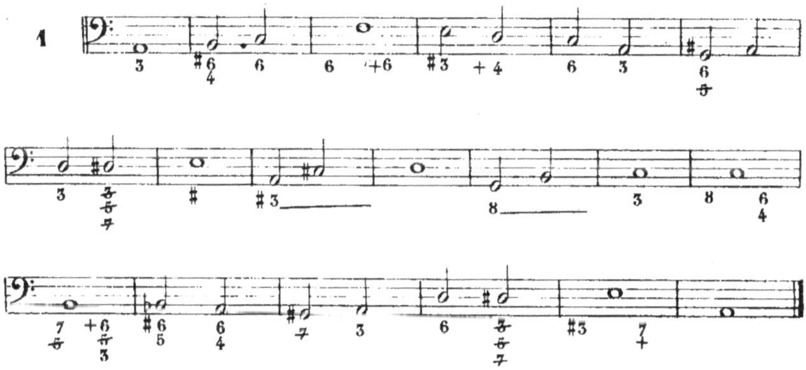

2

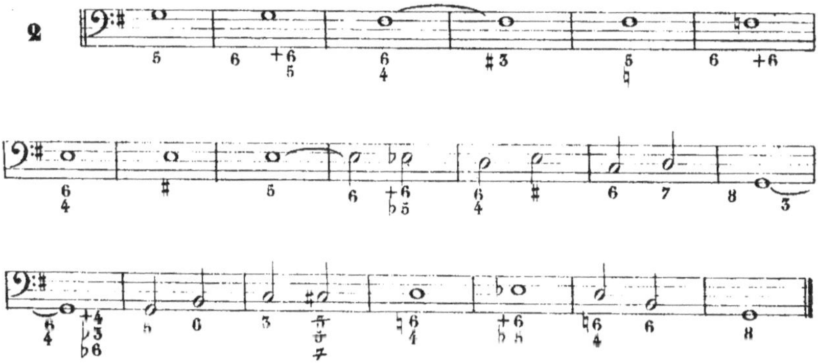

CHAPITRE XIII.

ACCORD DE 9me

§ De la catégorie des accords de cinq sons, l'accord de 9me se compose d'une 3ce, d'une 5te, d'une 7me et d'une 9me

§ Les intervalles dont cet accord est composé varient du majeur au mineur, selon la place qu'occupe la fondamentale dans la gamme tonale, ou selon le caractère, du morceau dont il fait partie.

On indique ces variantes par les ♮, ♭, ♯, placés devant les chiffres.

9me de 2de (Mode Majeur) 9me de 2de (Mode Mineur)

Ex:

9me domin te (Mode Maj:) 9me dom te (Mode Min:) 9me de 2de (Mode Maj:)

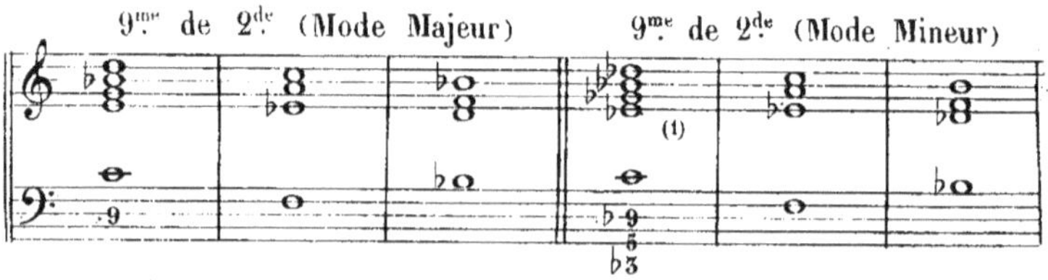

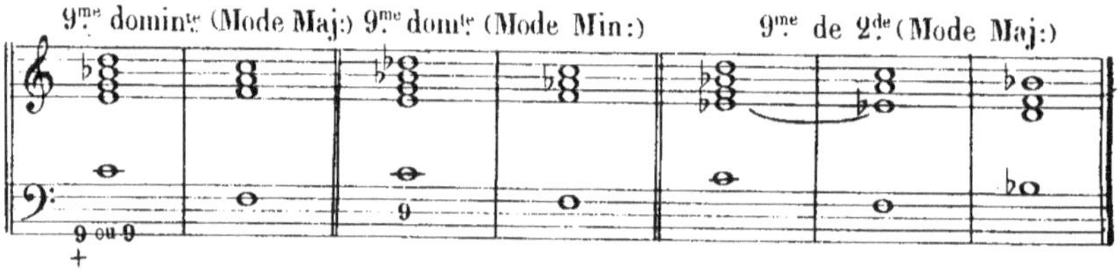

Dans ces différents exemples, la 7me est toujours mineure, c'est pourquoi il est inutile de l'indiquer par chiffre.

Selon que la 9me est majeure ou mineure, on dit: accord de 9me majeure, ou accord de 9me mineure.

Ce qui revient à dire que, la 3ce et la 5te peuvent varier du majeur au mineur, sans que pour cela, l'accord change sa qualité d'accord majeur ou mineur. (2)

§ Il arrive quelquefois que l'on remplace la 5te par une sixte et la 3ce par la 4te, cela ne change rien à la nature de l'accord, mais dans ces cas on supprime la 7me

Ex:

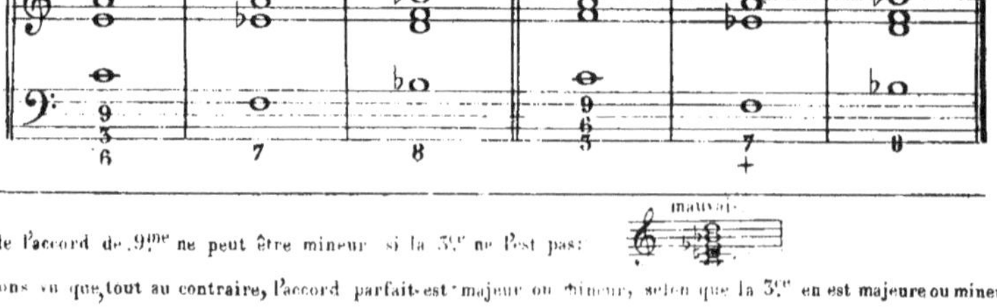

(1) La 5te de l'accord de 9me ne peut être mineur si la 3ce ne l'est pas: mauvais

(2) Nous avons vu que, tout au contraire, l'accord parfait est majeur ou mineur, selon que la 3ce en est majeure ou mineure.

§ . L'accord de 9me étant composé de cinq sons, ne peut être écrit au complet à 4 parties; dans ce cas, on supprime la 5te ou la 7me selon que les chiffres l'indiquent; s'ils n'indiquent rien, le choix est laissé à l'initiative de l'harmoniste; mais on ne supprime jamais une autre note que la 5te ou la 7me

Ex :

§ La 9me étant une dissonnance, se prépare et se résout, de même que la 7me qui fait partie de l'accord.

La 3^{ce} n'est tenue de se résoudre que lorsqu'elle est sensible, comme dans l'accord de 9me dominante.

Ex :

§ L'accord de 9me, renfermant un son de plus que l'accord de 7me, offre un renversement de plus que celui-ci; mais le quatrième renversement est absolument inusité, attendu que la 9me ne doit jamais passer sous la fondamentale.

Les trois renversements usités de l'accord 9 se chiffrent ainsi :

(1) Accord fond^{al}

1er renv^{t} 2me renv^{t} 3me renv^{t}

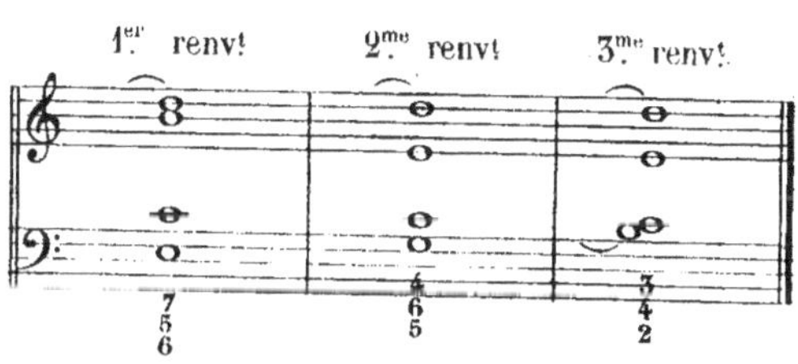

Remarque — Dans n'importe quel renversement ou position, la 9me doit toujours être à distance d'une 8^{ve} et une note, au-dessus de sa fondamentale, afin d'éviter, par l'effet de la résolution, l'unisson ou les croisements de parties.

Ex :

(1) L'accord fondamental et les renversements s'indiquent avec d'autres chiffres, selon les variantes.

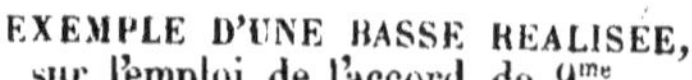

EXEMPLE D'UNE BASSE REALISÉE,
sur l'emploi de l'accord de 9me

EXERCICES.

1

2

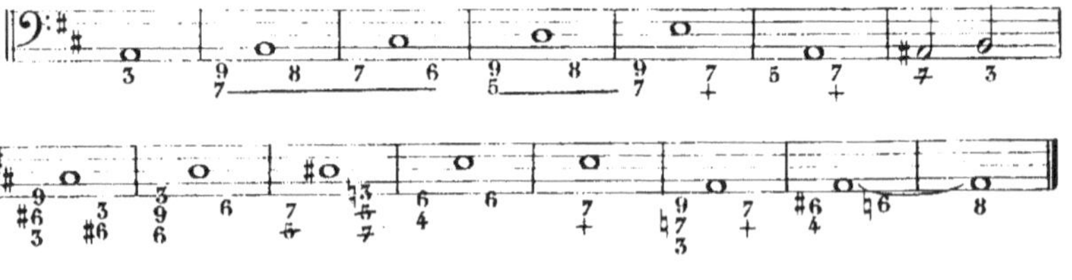

CHAPITRE XIV.

DES ALTÉRATIONS.

§ Altérer les accords, consiste dans la transformation que l'on fait subir aux notes normales qui les composent.

Ainsi, on altère un accord parfait majeur lorsque, après l'avoir écrit dans son état normal, on en modifie la 3.ce en la rendant mineure; on altère encore cet accord, en haussant la 5.te d'un demi-ton, ou en baissant la fondamentale, d'un demi-ton également etc, etc.

Accord parfait Majeur. Altération de la 5.te Altération de la 3.ce Altération de la fondamentale. Altération de la 3.ce et 5.te

Ex:

Nota — On ne peut altérer la 5.te d'un accord en la baissant d'un demi-ton, sans baisser également la 3.ce

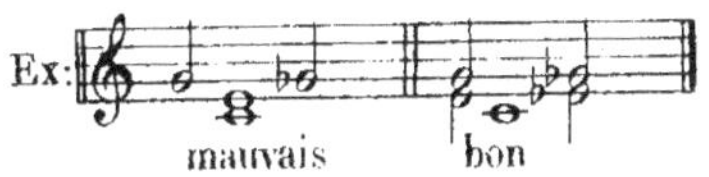

§ Tous les accords sont susceptibles d'être altérés, mais il faut être parcimonieux de ces sortes de métamorphoses, qui du reste, ne sont soumises à aucune loi spéciale, et dont l'emploi n'est déterminé que par le discernement et le bon goût, de l'harmoniste.

§ Depuis le commencement de ce livre, nous avons souvent eu occasion d'employer les altérations, et dans ce chapitre il ne nous restait plus qu'à en expliquer la théorie; c'est ce que nous nous bornons à faire; et sans donner d'exercices spéciaux.

Nous plaçons comme exemple ce tableau de différents accords altérés.

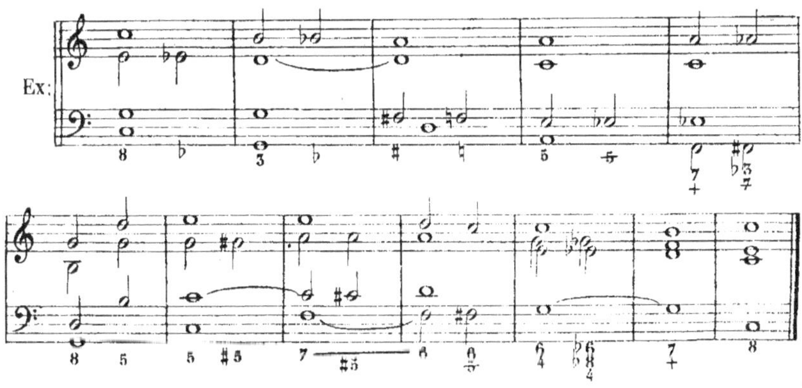

RETARDS_ANTICIPATIONS_ APPOGGIATURES.

1. On appelle «retard», une note préparée, dont la résolution retardée fait attendre une des notes de l'accord sur lequel elle se résout.

Ex:

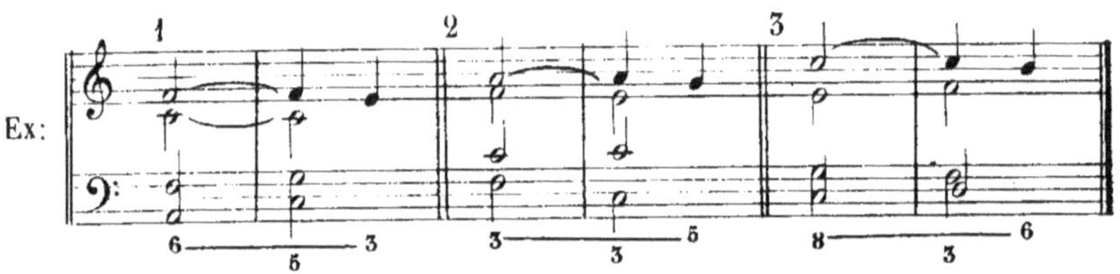

Le N°. 1 présente le retard de la 3.ce qui ne tombe que sur le second temps; le N°. 2 présente le retard de la 5.te; le N°. 3 est un exemple de la 6.te retardée.

On peut retarder une ou plusieurs notes de n'importe quel accord, mais en ayant soin de ne pas doubler la note formant retard,(2) ni surtout faire entendre la note retardée, dans une seconde partie, avant la résolution du retard.

Ex:

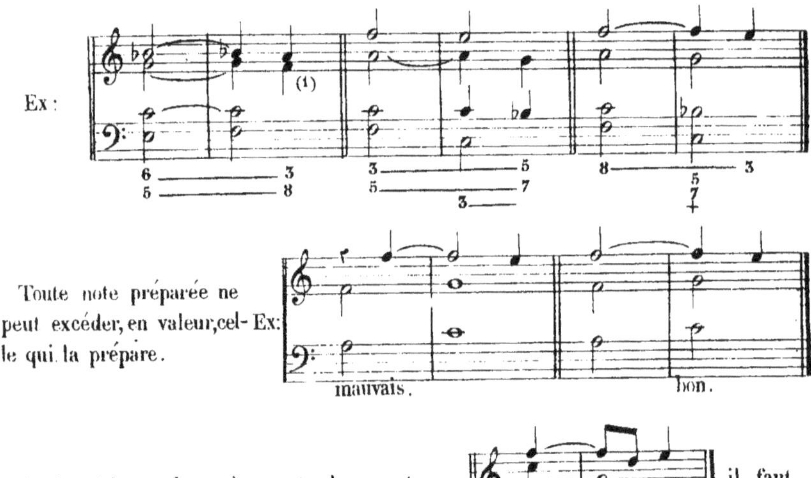

Toute note préparée ne peut excéder, en valeur, celle qui la prépare. Ex:

Quelquefois on donne à un retard, ce contour: il faut, dans ce cas, que les notes formant retard soient, à elles deux, de même valeur, ou moindre, que la note qui les prépare.

Lorsque l'on retarde plusieurs notes d'un accord, il faut éviter, autant que possible, de syncoper en même temps la partie supérieure et celle formant basse, car cette disposition produit un rhythme boiteux. Ex:

(1) Ici, il y a exception, parce que entre les deux «Fa» il se trouve un intervalle de 9.me; ce retard est considéré comme accord de 9.me

(2) A moins que les deux retards ne se résolvent sur des notes différentes: Ex

Quand le retard est à la basse, la note retardée ne peut être entendue avant la résolution de ce retard, dans aucune partie ni dans aucun cas.

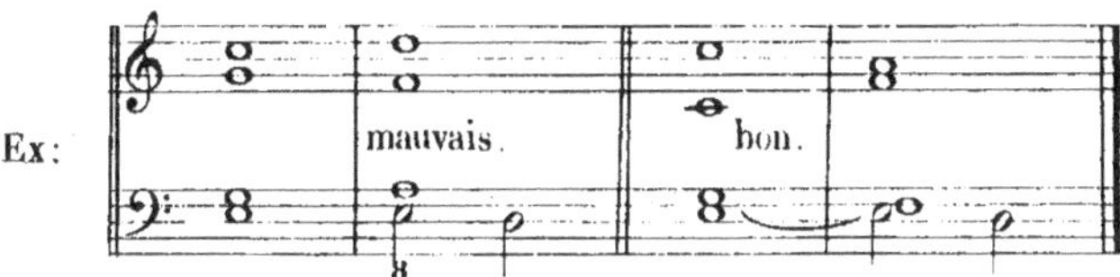

§ Les anticipations sont des notes, qui, comme leur nom l'indique, anticipent sur l'accord qui succède, en faisant entendre une ou plusieurs des notes qui le composent.(1)

Dans cet exemple, les deux croches, anticipent sur la 5.te des accords qu'elles précèdent.

On ne peut faire entendre une note anticipant lorsque cette même note est déjà entendue dans une seconde partie, comme note réelle:

Toute anticipation doit, au contraire, être isolée.

§ Les appoggiatures ne sont pas autre chose que des retards sans préparations.

Les règles qui les concernent, sont les mêmes que celles qui régissent les retards, sauf la loi de préparation, à laquelle elles ne sont pas soumises. (voir paragraphe I.er du présent Chapitre)

EXEMPLE D'UNE BASSE RÉALISÉE,

sur l'emploi des retards, des anticipations et des appoggiatures.

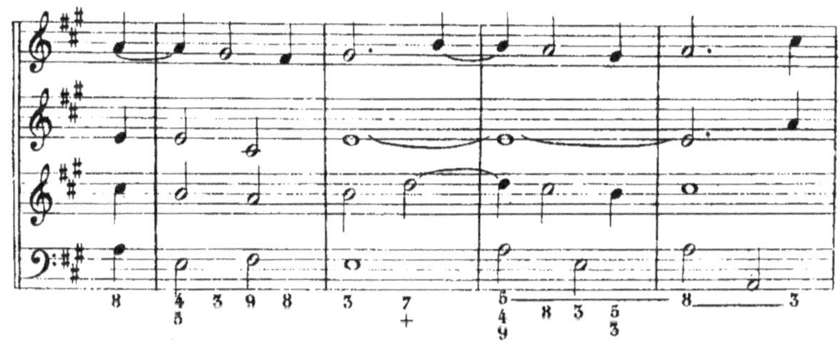

(1) Les anticipations doivent être relativement, de courte durée, et s'harmoniser avec les notes de l'accord dont elles font antérieurement partie.

Comme exercices, l'élève pourra se servir des basses qui ont été données à réaliser sur l'accord parfait; les règles et les exemples que nous venons de donner suffiront pour faire connaître l'emploi des retards, des anticipations et des appoggiatures, et il suffit d'un peu d'attention, pour trouver leur place dans le courant des basses ci-dessus énoncées.

(1) Lorsque l'anticipation ne forme pas accord ou lorsqu'elle est très rapide on ne la chiffre pas.
(1bis) L'anticipation tient lieu de préparation pour toutes les dissonnances.
(2) Les appoggiatures sont souvent liées ainsi afin d'obtenir une légère inflexion sur la première des deux notes groupées. «appoggiare» veut dire «appuyer».

CHAPITRE XVI.

NOTES DE PASSAGE_ NOTES DE RETOUR_ NOTES ÉCHAPPÉES.

§ On appelle «note de passage», une note placée entre deux notes réelles,[1] et allant de l'une à l'autre par mouvt conjoint.

Ex:

Dans cet exemple, les notes marquées d'une croix (+) sont notes de passage.

Les notes de passage, ainsi que les notes échappées et les notes de retour, dont nous allons parler plus loin, doivent être de courte durée; la noire représente le maximum de longueur.

Ainsi il serait mauvais de faire :

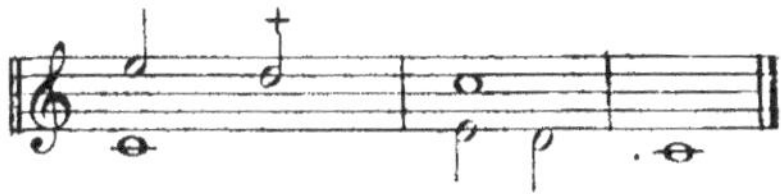

Nous venons de dire que, toute note de passage devait être précédée et suivie d'une note réelle; il serait donc mauvais de faire:

le Si n'étant pas note réelle, doit être précédé d'une note formant accord.

On ne peut également quitter par mouvement disjoint, une note de passage.

Ex:

Lorsque l'on fait entendre un groupe de notes par mouvement conjoint, ascendant ou descendant, les notes extrêmes, seules, comptent comme notes réelles;[2] et toutes les autres, quelqu'en soit le nombre, sont considérées comme notes de passage.

Ex:

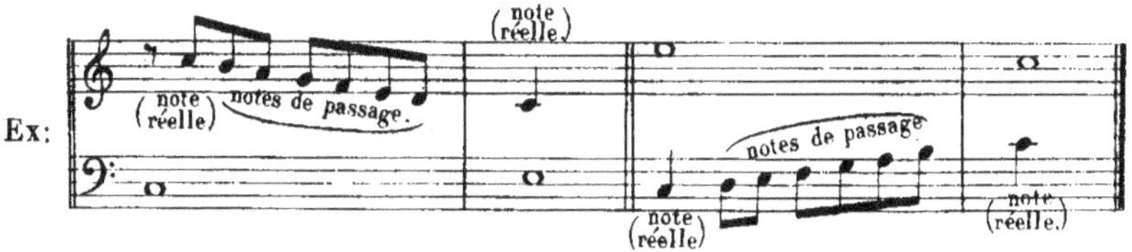

§ Les notes de retour diffèrent des notes de passage, en ce que, au lieu de suivre leur mouvement ascendant ou descendant, elles retournent sur la note réelle qu'elles viennent de quitter, et toujours par mouvement conjoint.

Ex:

---

(1) Les notes faisant partie des accords sont appelées «notes réelles»; ainsi dans l'exemple ci-joint, toutes les notes, sauf le Ré et le Si, sont «réelles.»

(2) A moins que ces notes ne soient des notes de retour ou des notes échappées. (voir les deux paragraphes suivants)

Dans cet exemple, les notes marquées par une croix (+) sont les notes de retour; les autres sont notes de passage et notes réelles. Sauf la différence de la marche, que nous venons d'expliquer, les règles sont les mêmes pour les notes de retour que pour les notes de passage.

§ Les notes echappées succèdent aux notes réelles par mouvement conjoint, mais elles ne suivent pas leur marche par ce même mouvement.

Ici, les croix (+) indiquent les notes echappées. Ces notes ne s'emploient que dans le style instrumental, ou dans les mélodies pour voix seules; mais bien rarement dans les chœurs. Nous engageons donc l'élève à n'en pas faire usage dans le cours de ses études d'harmonie.

EXEMPLE D'UNE BASSE RÉALISÉE,
sur l'emploi des notes de passage et des notes de retour.

(1) Dans cet exemple, nous employons beaucoup de croches, parce que ce chapitre traite spécialement des notes de passage et des notes de retour; mais on doit bien se garder d'écrire ordinairement de cette façon, car l'effet produit à l'exécution, serait très médiocre. (voir chapitre I, 3me paragraphe.)

Nota — Ainsi qu'on peut le voir dans cet exemple, les notes de passage et les notes de retour ne se chiffrent pas.

EXERCICES.

CHAPITRE XVII.

MARCHES HARMONIQUES_ PROGRESSIONS_ PÉDALES.

§ On entend par marche harmonique, la reproduction successive d'un fragment quelconque, à des degrés différents et symétriques de la gamme, par toutes les parties qui prennent part à la dite marche.

Ex:

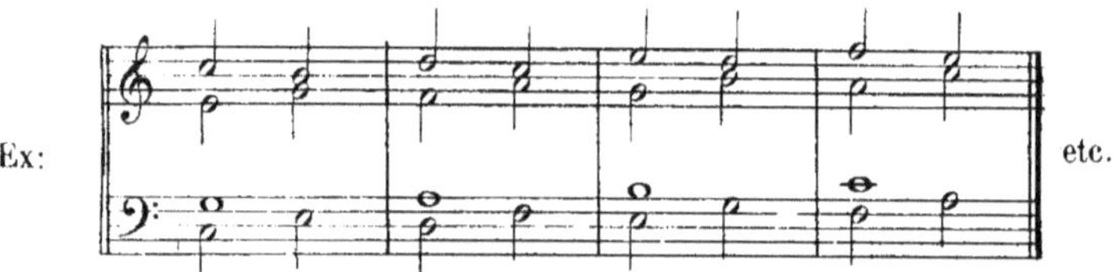

etc.

Dans cet exemple, le fragment reproduit à la sus-tonique, à la médiante et à la sous-dominante, contient tout entier dans la première mesure; ce fragment s'appelle: «modèle»et quelle que soit la durée d'un premier fragment de marche, il porte toujours ce nom. Lorsque l'on construit un modèle, on doit disposer les parties, de façon à ce que la marche ne fasse point entendre de suites de 5tes ou d'octaves, à des temps semblables[1] et dans les mêmes parties.

Ex

*Exception.*_Les 5tes et les 8^{ves} sont permises à des temps semblables, lorsque ceux-ci sont séparés par une harmonie étrangère aux accords dont ils font partie.

Ex:

Dans cet exemple, les accords «6» séparent les accords «3» et vice versâ.

Les marches peuvent être conjointes ou disjointes, modulantes ou non modulantes.

Ex:

---

(1) A chaque 1er 2me 3me ou 4me temps de chaque mesure, ou de deux en deux, de trois en trois, de quatre en quatre.

Ces exemples démontrent également, que les marches se font en montant et en descendant

Il est de certaines marches qui ne permettent pas la préparation des dissonnances:

il y a, dans ce cas, tolérance forcée, mais lorsque l'on peut éviter ces licences, cela n'en vaut que mieux, au point de vue de la facilité d'exécution.

2 Les progressions sont des sortes de marches qui diffèrent de celles que nous venons d'indiquer plus haut, en ce que, toutes les parties ne sont pas assujetties à la reproduction successive et symétrique du modèle. Ainsi dans cet exemple:

la partie supérieure reproduit le modèle régulièrement, pendant que les deux autres parties font entendre un simple accompagnement; ce n'est donc pas une «marche» réelle, mais une «progression»

Lorsque toutes les parties font entendre le modèle successivement et avec symétrie, *mais en sens inverse*, elles forment également une «progression» et non une marche, car, dans celle-ci, la reproduction du modèle doit être ascendante ou descendante dans toutes les parties. (hormis les parties formant pédales, (Voir ce mot, au paragraphe suivant)

Exemple d'une progression à deux parties, marchant en sens inverse:

§ Les «pédales» sont des notes tenues, par dessus ou par dessous lesquelles on fait entendre de l'harmonie, modulante ou non, et dont les accords sont indépendants et souvent étrangers à ces notes.

Ex:

Si on analyse ce fragment, on ne tarde pas à s'apercevoir que la plupart des accords sont étrangers à la basse; c'est à dire que celle ci n'entre pas dans la composition de ces accords.

Les pédales ne se chiffrent pas, mais si l'on voulait chiffrer les accords, il faudrait placer les chiffres, non sous la partie formant pédale, mais sous la partie grave de ces accords.

Ex:

Le plus souvent, c'est la partie grave qui tient les pédales; on les appelle alors «pédales inférieures» mais on peut faire tenir les pédales par n'importe quelle partie; lorsqu'une pédale est tenue par une partie intermédiaire, (ténor ou alto) elle est appelée «pédale intérieure» lorsque c'est la partie supérieure qui fait une tenue, la pédale est appelée «supérieure».

Les règles concernant les pédales se réduisent à deux:

1° Les accords étrangers aux pédales doivent être de courte durée, afin que l'oreille n'ait point le temps de percevoir le frottement désagréable qui existe entre les notes de ces accords et les notes tenues.

2° Les modulations ne doivent être que passagères et encore, on ne peut en faire que dans le courant des pédales, et non au commencement ni à la fin de celles ci, qui d'ailleurs, doivent être commencées et terminées par une harmonie commune avec elles.[1]

(1) On peut voir dans les deux exemples qui suivent, que la pédale d'ut, est accompagnée de l'accord d'ut, au commencement et la fin.

Ch. E

On peut faire tenir une seule ou deux pédales en même temps; lorsque l'on en fait tenir deux, la plus élevée fait entendre la 5te ou l'8ve de la plus grave.

(1) Nous avons déjà dit que dans les marches, toutes les parties devaient prendre part aux reproductions successives et symétriques, mais nous avons également signalé l'exception pour toutes les parties tenant les pédales. Ainsi, on peut donc faire des marches harmoniques sur les tenues.

MARCHE.

PROGRESSION.

EXERCICE.

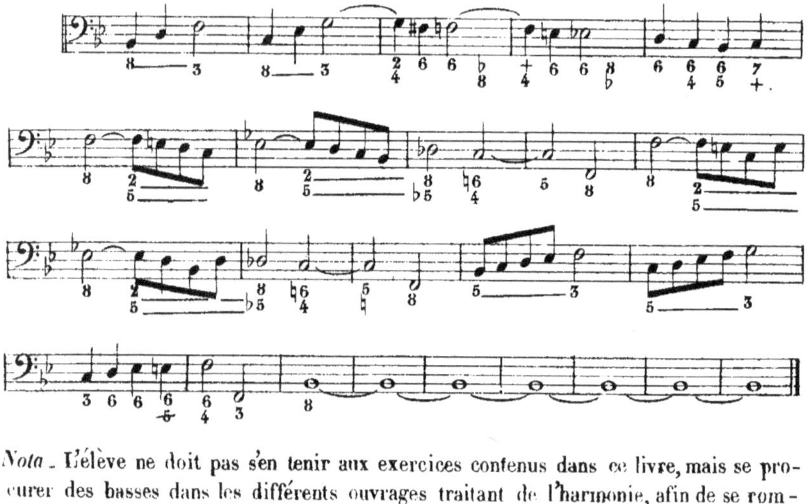

Nota - L'élève ne doit pas s'en tenir aux exercices contenus dans ce livre, mais se procurer des basses dans les différents ouvrages traitant de l'harmonie, afin de se rompre à toutes les difficultés que présente cette étude. (1)

(1) A défaut d'autres exercices l'élève peut transposer ceux qui sont contenus dans ce cahier.

BASSES NON CHIFFRÉES — CHANTS.

§ Lorsque l'élève sera parvenu à réaliser facilement et correctement un certain nombre d'exercices, sur toutes les matières que nous avons traitées séparément dans chaque chapitre, il devra s'exercer à récapituler ses études, en chiffrant lui même des basses non chiffrées et en les réalisant ensuite.

L'élève doit, dans ce nouveau genre de travail, s'appliquer à être simple, rechercher l'harmonie la plus franche, et employer peu de notes et peu de modulations.

§ Enfin, pour completer ses études d'harmonie, l'élève devra réaliser des chants.

Pour ce genre de travail il est bon de procéder ainsi:

Rechercher la basse la plus juste de ces chants, (ceci est une question de sentiment et d'habitude) chiffrer l'harmonie, en ayant soin de suivre le plus strictement possible, le sens de ce chant, et les modulations par lesquelles il passe; enfin, réaliser ce chant et cette basse, en employant, selon la necessité, tous les éléments qui composent l'harmonie.

Voici un exemple de ce genre de travail:

CHANT DONNÉ.

CHANT, BASSE ET CHIFFRES.

PED.
CHANT RÉALISÉ.
PED.
PED.

L. PARENT Grav. r. Rodier 61

FIN

Imp. Bertauts et Cie r. Rodier 59.

www.ingramcontent.com/pod-product-compliance
Lightning Source LLC
LaVergne TN
LVHW010106230826
846091LV00005B/2111
* 9 7 8 2 3 2 9 5 5 3 3 2 0 *